Portorrico, Cristina
Las brujas Perejil / Cristina Portorrico ; ilustraciones : Patricia
Acosta. — Bogotá : Panamericana Editorial, 2005.
  44 p. ; 27 cm. — (Rayuela)
  ISBN 958-30-1871-6
  1.Cuentos infantiles colombianos 2. Brujas – Cuentos infantiles
I. Acosta, Patricia, il. II. Tít. III. Serie.
I863.6 cd 19 ed.
AJE1013

    CEP-Banco de la República-Biblioteca Luis Ángel Arango

Las brujas Perejil

Editor
Panamericana Editorial Ltda.

Edición
Raquel Mireya Fonseca Leal

Ilustraciones
Patricia Acosta

Diagramación y diseño de cubierta
Diego Martínez.Celis

Primera edición, septiembre de 2005

© Cristina Portorrico
© Panamericana Editorial Ltda.
Calle 12 No. 34-20. Tels.: 360 3077 - 2770100. Fax: 2373805
Correo electrónico: panaedit@panamericanaeditorial.com
www.panamericanaeditorial.com
Bogotá, D.C., Colombia

ISBN: 958-30-1871-6

Impreso por Panamericana Formas e Impresos S.A.
Calle 65 No. 95-28. Tels.: 430 2110 - 430 0355
Fax: (571) 2763008
Quien sólo actúa como impresor.

Impreso en Colombia   Printed in Colombia

Las brujas Perejil

Cristina Portorrico

ilustraciones Patricia Acosta

PANAMERICANA
EDITORIAL

A mis hijos Facundo y Santiago, por escuchar mis cuentos como si fueran niños, por las veces en que me dejan enredar en las cuerdas de sus guitarras, y por tantas otras cosas bellas.

En un lejano planeta, llamado Perejil,
vivían tres brujas que eran primas;
una se llamaba Per, otra Rej y la otra Jil.

9

Todo el día cocinaban manjares raros hechos
con perejil, mientras sus tres gatos negros,
Rep, Jer y Lij caminaban rezongando
por el techo del castillo.

—Qué mala suerte —protestaba Rep—;
mi bruja Per ¡sólo sabe cocinar tartas de perejil!
Pero yo preferiría comer ¡un buen bacalao!

—Y con lo que a mí me encanta el pejerrey, ¡tengo
que conformarme con pizzas de perejil! —decía Jer.

—¡Y yo! —se lamentaba Lij —que comería con tanto
placer ricas milanesas de merluza, tengo también
que conformarme, ¡Jil sólo se da maña
con las albóndigas de perejil!

–¡Esto se tiene que terminar! O en cualquier momento, en vez de bigotes inos crecerán perejiles! –maulló Rep desesperado, sin saber que Per estaba escuchándolos porque, como era la más hacendosa de las tres, en ese momento limpiaba la chimenea.

–¡Rej! ¡Jil! –salió gritando Per.

–¿Qué pasa? –respondieron las brujas
alarmadas por los gritos de su prima.

–A nuestros gatos ¡¡¡no les gusta el perejil!!! –dijo con pánico.

–No es posible –contestó Rej.

—¡Es una catástrofe! —gritó Lij.
—¡¡¡No sabemos cocinar otra cosa!!!

—¡Tengo una idea! —se iluminó Rep—.
Hagamos nuestras tartas, pizzas y
albóndigas de perejil y después con
sencillos pases mágicos convirtamos
todo ¡en esos horribles platos que
les gustan a nuestros gatos!

HARINA

17

—Sí, no hay otro remedio... —dijeron las tres,
y pusieron manos a la obra. Prepararon una mesa hermosa,
con jarras de saliva de ratón (manjar de los gatos),
servilletas de alitas de murciélagos,
cubiertos de huesos, platos de
caparazón de tortuga y mantel
de tela de araña.

Se podría decir que esa noche decidieron tirar
el castillo por la ventana. Cuando estaba todo listo,
se tomaron de las manos e hicieron el conjuro:

–Perejil de perejilitos
caracol de mar saladito
que en esta mesa los perejiles
se conviertan en pescaditos.

Y entonces en vez de
pizzas, albóndigas y tartas de
perejil, aparecieron en las fuentes
cientos de pejerreyes,
milanesas de merluza
y bacalaos.

Los tres gatos abrieron los ojos grandes como platos.
—¡Por fin una cena verdadera!, —exclamaron. Comieron,
comieron y comieron hasta que la barriga se les infló tanto
que ya no querían ver más ni al pescadito de la pecera.
Relamiéndose el bigote, se fueron a dormir al sofá.

Las tres brujas
recogieron la mesa
y lavaron todos los platos.

–Qué alegría,
qué alegría
–repetía Per sin parar.

—¡Un momento! —dijo Rej alarmada—. ¿Qué le pasa al bigote de nuestros queridos gatos?

—¡Están verdes! —Observó Jil—. ¡¡¡Igual que sus pelos!!!

—¡Por el gran Perejil! ¡Están emperejilados!

—¿Y ahora? ¿Qué hacemos? —se preguntaron las tres al mismo tiempo.

–Algo tenemos que hacer antes de que se despierten.

–Sí, algo...

–Y... ¿qué?

–¡Ya lo tengo! –gritó Per esgrimiendo su varita–. *¡Gatofeo, gatiloso, que estos gatos verdes se vuelvan osos!*

–¡No! –dijo Jil espantada–. Ese conjuro no es el correcto– y esgrimió su varita sobre los osos verdes que dormían en el sofá–. *¡Gatofeo, gatoverde que estos tres ositos se conviertan en pajaritos!*

–¿Qué están haciendo? –dijo Jil muerta de risa, y en ese momento los pajaritos empezaron a revolotear alrededor de sus sombreros–. Ahora en vez de tres gatos negros tenemos ¡¡¡tres pajaritos verdes!!!

–¡Qué barbaridad! –suspiró Per.

–¡Si al menos fueran lechuzas! –se lamentó Rej.

−Pajaritos verdes es mejor que gatos verdes −la consoló Per.

–De ninguna manera, ¡tenemos que convertir a nuestros gatos verdes en pajaritos negros! –dijo Jil un poco mareada.

–No, Jil, lo que tenemos que hacer es convertir a nuestros osos verdes ¡en lechuzas que maúllan!

—Están confundidas —dijo Rej tratando de ponerle orden a la conversación—. Lo que hay que hacer acá es convertir a las lechuzas en osos negros que maúllan.

—Me parece que la verdad es que no sabemos qué tenemos que hacer! —dijo Jil muy triste porque quería mucho a su gato Lij.

—Es cierto —dijo Per, igual de triste.

—Creo que hay alguien que puede ayudarnos... —se entusiasmó Rej—. Si al que está siguiendo esta historia se le ocurre un conjuro, un conjuro inventado, pero tiene que ser uno que esté muy bueno, seguramente los pajaritos verdes volverán a ser nuestros gatos negros.

Conjuro